세종특별자치시교육청

교육공무직원 및 특수운영직군

필기시험

KB116051

제 5 회	영 역	국어 – 초등돌봄전담사, 특수교육실무사, 간호사, 국제교육코디네이터 학교업무 이해하기 – 교무행정사 일반상식(사회, 한국사) – 공통
	문항수	과목별 25문항씩 총 50문항
	시 간	80분
	비 고	객관식 4지선다형

SEOWONGAK
(주)서원각

[직종별] 국어

1 다음 제시된 단어의 관계가 가장 다른 것은?

① 감정 – 슬픔
② 용납 – 거부
③ 조류 – 천둥오리
④ 문구 – 볼펜

2 다음 중 제시된 문장의 밑줄 친 어휘와 같은 의미로 사용된 것을 고르면?

> 심사 위원들은 이번에 응시한 수험생들에 대해 대체로 높은 평가를 내렸다.

① 이 지역은 강우가 산발적으로 내리는 경향이 있다.
② 그녀는 얼굴의 부기가 내리지 않아 외출을 하지 않기로 했다.
③ 먹은 것을 내리려면 적당한 운동을 하는 것이 좋다.
④ 중대장은 적진으로 돌격하겠다는 결단을 내리고 소대장들을 불렀다.

3 다음 〈보기〉의 단어들을 예시로 들 수 있는 한글 맞춤법의 사이시옷 규정은?

> 〈보기〉
> 깻묵, 아랫마을, 텃마당, 멧나물

① 순 우리말로 된 합성어로서 앞말이 모음으로 끝나고 뒷말의 첫소리가 된소리로 나는 것.
② 순 우리말로 된 합성어로서 앞말이 모음으로 끝나고 뒷말의 첫소리 'ㄴ, ㅁ' 앞에서 'ㄴ' 소리가 덧나는 것
③ 순 우리말과 한자어로 된 합성어로서 앞말이 모음으로 끝나고 뒷말의 첫소리 'ㄴ, ㅁ' 앞에서 'ㄴ' 소리가 덧나는 것
④ 순 우리말과 한자어로 된 합성어로서 앞말이 모음으로 끝나고 뒷말의 첫소리 모음 앞에서 'ㄴㄴ' 소리가 덧나는 것

4 외래어 표기가 바르게 된 것으로만 묶인 것은?

① 부르주아, 비스킷, 심포지움
② 스폰지, 콘셉트, 소파
③ 앙코르, 팜플릿, 플랜카드
④ 샹들리에, 주스, 블라우스

5 밑줄 친 단어의 쓰임이 적절한 것은?

① 유나가 만든 음식은 먹을래야 먹을 수가 없어.
② 봉숭화물이 곱게도 들었구나.
③ 넌 항상 매무새가 깔끔하구나.
④ 시안이는 무슨 생각인지 우두머니 서서 아무 말이 없었다.

6 다음 제시된 문장의 밑줄 친 단어의 뜻이 나머지와 다른 것은?

① 두 사람을 잇는 인연의 끈이 얼마나 단단한지 새삼 실감했다.
② 못 입게 된 옷가지를 이어 새 옷을 만들었다.
③ 할머니는 짐을 이고 흔들림 없이 걸어갔다.
④ 종이컵 두 개를 실로 이어 그것이 전화라며 내게 한 쪽을 건넸다.

7 〈보기〉의 설명에 따라 올바르게 표기된 경우가 아닌 것은?

> • 어간의 끝음절 '하'의 'ㅏ'가 줄고 'ㅎ'이 다음 음절의 첫소리와 어울려 거센소리로 될 적에는 거센소리로 적는다.
> • 어간의 끝음절 '하가 아주 줄 적에는 준 대로 적는다.

① 연구토록
② 다정타
③ 무심치
④ 생각컨대

8 단어의 뜻이 올바르지 않은 것은?

① 미쁘다 : 믿음성이 있다.

② 상큼하다 : 까칠하고 눈이 쏙 들어가다.

③ 쏘개질 : 있는 일 없는 일을 얽어서 일러바치는 짓.

④ 오목조목 : 자그마한 것이 여기저기 흩어져 있는 모양.

9 외래어 표기 용례로 옳은 것은?

① Chaikovskii – 차이코프스키

② milk shake – 밀크쉐이크

③ barbecue – 바비큐

④ Roosevelt – 루즈벨트

10 로마자 표기법의 규정과 그 예시가 바르게 연결되지 않은 것은?

① 'ㅢ'는 'ㅣ'로 소리 나더라도 'ui'로 적는다. - 광희문 (Gwanghuimun)

② 'ㄱ, ㄷ, ㅂ'은 모음 앞에서는 'g, d, b'로, 자음 앞이나 어말에서는 'k, t, p'적는다. - 합덕(Hapdeok)

③ 'ㄹ'은 모음 앞에서는 'r'로, 자음 앞이나 어말에서는 'l'로 적는다. 단, 'ㄹㄹ'은 'll'로 적는다. - 울릉(Ulleung)

④ 된소리되기는 표기에 반영하지 않는다. - 백암(Baegam)

11 다음 중 띄어쓰기가 옳지 않은 것은?

① 너만큼 마음 쓰는 사람도 없어.

② 과일가게에는 귤, 단감, 석류들이 널려있었다.

③ 그는 사라진 지 사흘 만에 멀쩡히 돌아왔다.

④ 연아는 얼마나 부지런한지 그 많은 일을 혼자 해냈다.

12 다음 중 복수 표준어로 허용되지 않은 것은?

① 꼬까 – 고까

② 시늉말 – 흉내말

③ 길잡이 – 길앞잡이

④ 보통내기 – 예사내기

13 맞춤법 사용이 올바르지 않은 것으로만 묶인 것은?

① 덧저고리, 사흗날, 텃마당

② 닐리리, 남존녀비, 혜택

③ 만만찮다, 거북지, 돋자리

④ 뒷입맛, 밋밋하다, 사뭇

14 다음 중 발음이 옳은 것은?

① 새 신을 신고[신: 꾸] 뛰어보자 폴짝

② 아무것도 모른다는 그 순수한 눈동자[눈똥자]에 할 말을 잃었다.

③ 갈증[갈쯩]이 얼마나 심한지 물을 아무리 마셔도 해소되지 않았다.

④ 문을 박차고 나오기는 했지만 막상 갈 데가[갈떼가] 없다.

15 제시된 속담의 뜻으로 바른 것은?

자는 범 침 주기

① 그대로 가만 두었으면 아무 일도 없었을 것을 공연히 건드려서 일을 저질러 위태롭게 된다는 말

② 남들이 알지 못하도록 아무리 은폐하려 해도 탄로날 것은 저절로 탄로가 난다는 뜻

③ 무식한 사람은 어떠한 물건의 질은 무시하고 그저 양이 많은 것만 요구한다는 뜻

④ 겁이 없고 대담한 사람을 두고 하는 말

16 다음 글에서 휴대 전화에 대한 화자의 견해로 가장 적절한 것은?

> 휴대 전화는 공간과 시간의 제약을 넘어 나와 다른 사람을 연결하는 새로운 소통의 길을 사방으로 활짝 열어 주었다. 멀리 이사 간 친구가 문득 생각나면 바로 휴대 전화로 안부를 물을 수 있고, 집에 있지 않아도 가족들과 수시로 대화를 나눌 수 있다. 가족, 친구, 연인, 동료 등과 인간관계를 유지하고 개인과 개인의 소통을 증진시키는 데 휴대 전화가 유용하게 쓰이는 것이다. 이와 같이 휴대 전화가 멀고 낯선 세계를 글과 소리로 연결해 준다는 점에서 소통의 폭과 깊이를 더하는 기능을 한다고 볼 수 있다.

① 가족과 함께 지내는 삶의 소중함을 무디게 만든다.
② 타인과의 직접적인 대면을 피할 수 있도록 한다.
③ 타인과의 소통의 장을 만드는 긍정적인 기능을 한다.
④ 자신만의 시간을 형성하는 데 긍정적인 기능을 한다.

17 다음 글의 시점에 대한 설명으로 옳은 것은?

> 박씨가 계화를 시켜 용골대에게 소리쳤다.
> "무지한 오랑캐 놈들아! 내 말을 들어라. 조선의 운수가 사나워 은혜도 모르는 너희에게 패배를 당했지만, 왕비는 데려가지 못할 것이다. 만일 그런 뜻을 둔다면 내 너희들을 몰살시킬 것이니 당장 왕비를 모셔 오너라."
> 하지만 골대는 오히려 코웃음을 날렸다.
> "참으로 가소롭구나. 우리는 이미 조선 왕의 항서를 받았다. 데려가고 안 데려가고는 우리 뜻에 달린 일이니, 그런 말은 입 밖에 내지도 마라."
> 오히려 욕설만 무수히 퍼붓고 듣지 않자 계화가 다시 소리쳤다.
> "너희의 뜻이 진실로 그러하다면 이제 내 재주를 한 번 더 보여 주겠다."
> 계화가 주문을 외자 문득 공중에서 두 줄기 무지개가 일어나며 모진 비가 천지를 뒤덮을 듯 쏟아졌다. 뒤이어 얼음이 얼고 그 위로는 흰 눈이 날리니, 오랑캐 군사들의 말발굽이 땅에 붙어 한 걸음도 옮기지 못하게 되었다. 그제야 골대는 사태가 예사롭지 않음을 깨달았다.
> "당초 우리 왕비께서 분부하시기를 장안에 신인(神人)이 있을 것이니 이시백의 후원을 범치 말라 하셨는데, 과연 그것이 틀린 말이 아니었구나. 지금이라도 부인에게 빌어 무사히 돌아가는 편이 낫겠다."
> 골대가 갑옷을 벗고 창칼을 버린 뒤 무릎을 꿇고 애걸 하였다.
> "소장이 천하를 두루 다니다 조선까지 나왔지만, 지금까지 무릎을 꿇은 적은 한 번도 없었습니다. 이제 부인 앞에 무릎을 꿇어 비나이다. 부인의 명대로 왕비는 모셔가지 않을 것이니, 부디 길을 열어 무사히 돌아가게 해주십시오."
> – 작자 미상, 「박씨전」 –

① 서술자가 등장인물 중의 한 사람으로 사건을 관찰하고 있다.
② 주인공이 자신의 이야기를 하고 있다.
③ 작품에 등장하지 않는 서술자가 마치 신처럼 모든 사건들을 서술하고 있다.
④ 서술자가 외부 관찰자의 위치에서 객관적인 태도로 외부적인 사실만을 관찰하고 있다.

18 화자가 ㉠과 같은 행동을 한 이유로 가장 적절한 것은?

> 푸른 마라토너는 점점 더 나와 가까워졌다. 드디어 나는 그의 표정을 볼 수 있었다.
> 나는 그런 표정을 생전 처음 보는 것처럼 느꼈다. 여태껏 그렇게 정직하게 고통스러운 얼굴을, 그렇게 정직하게 고독한 얼굴을 본 적이 없다. 가슴이 뭉클하더니 심하게 두근거렸다. 그는 20등, 30등을 초월해서 위대해 보였다. 지금 모든 환호와 영광은 우승자에게 있고 그는 환호 없이 달릴 수 있기에 위대해 보였다.
> 나는 그를 위해 뭔가 하지 않으면 안 된다고 생각했다. 왜냐하면 내가 좀 전에 그의 20등, 30등을 우습고 불쌍하다고 생각했던 것처럼 그도 자기의 20등, 30등을 우습고 불쌍하다고 생각하면서 옜다 모르겠다 하고 그 자리에 주저앉아 버리면 어쩌나, 그래서 내가 그걸 보게 되면 어쩌나 싶어서였다.
> 어떡하든 그가 그의 20등, 30등을 우습고 불쌍하다고 느끼지 말아야지 느끼기만 하면 그는 당장 주저앉게 돼 있었다. 그는 지금 그가 괴롭고 고독하지만 위대하다는 걸 알아야 했다. ㉠나는 용감하게 인도에서 차도로 뛰어내리며 그를 향해 열렬한 박수를 보내며 환성을 질렀다.
> 나는 그가 주저앉는 걸 보면 안 되었다. 나는 그가 주저앉는 걸 봄으로써 내가 주저앉고 말 듯한 어떤 미신적인 연대감마저 느끼며 실로 열렬하고도 우렁찬 환영을 했다.
> 내 고독한 환호에 딴 사람들도 합세를 해 주었다. 푸른 마라토너 뒤에도 또 그 뒤에도 주자는 잇따랐다. 꼴찌 주자까지를 그렇게 열렬하게 성원하고 나니 손바닥이 붉게 부풀어 올라 있었다. 그러나 뜻밖의 장소에서 환호하고픈 오랜 갈망을 마음껏 풀 수 있었던 내 몸은 날듯이 가벼웠다.
> – 박완서, 「꼴찌에게 보내는 갈채」 –

① 우연히 만난 마라토너가 화자와 아는 사이였기 때문에
② 오래 전부터 응원해오던 선수를 만났기 때문에
③ 모든 주자가 결승선을 통과해야 레이스가 끝나기 때문에
④ 끝까지 포기하지 않는 마라토너의 레이스에 감정을 이입했기 때문에

19 다음 글의 주된 전개 방식으로 적절한 것은?

요사이 우리 주변에는 남의 시선은 전혀 의식하지 않은 채 나만 좋으면 된다는 식의 소비 행태가 날로 늘어나고 있다. 이를 가리켜 흔히 우리는 '과소비'라는 말을 많이 사용하는데, 경제학에서는 과소비와 비슷한 말로 '과시 소비'라는 용어를 사용한다. 과시 소비란 자신이 경제적 또는 사회적으로 남보다 앞선다는 것을 여러 사람들 앞에서 보여 주려는 본능적 욕구에서 나오는 소비를 말한다.

그런데 문제는 정도에 지나친 생활을 하는 사람을 보면 이를 무시하거나 핀잔을 주어야 할 텐데, 오히려 없는 사람들까지도 있는 척하면서 그들을 부러워하고 모방하려고 애쓴다는 사실이다. 이러한 행동은 '모방 본능' 때문에 나타난다.

모방 본능은 필연적으로 '모방 소비'를 부추긴다. 모방 소비란 내게 꼭 필요하지도 않지만 남들이 하니까 나도 무작정 따라 하는 식의 소비이다. 이는 마치 남들이 시장에 가니까 나도 장바구니를 들고 덩달아 나서는 격이다. 이러한 모방 소비는 참여하는 사람들의 수가 대단히 많다는 점에서 과시 소비 못지않게 큰 경제 악이 된다.

– 정균승, 「일상생활의 경제학」 –

① 용어의 개념을 쉽게 풀이하여 독자의 이해를 돕고 있다.
② 전문가의 의견을 인용하여 자신의 주장을 뒷받침하고 있다.
③ 화자가 겪은 일화를 통해 흥미를 유발하고 있다.
④ 독자에게 질문을 던지며 집중력을 높이고 있다.

20 다음의 문장이 들어가기에 적절한 위치를 고르면?

예를 들면, 라파엘로의 창의성은 미술사학, 미술 비평이론, 그리고 미적 감각의 변화에 따라 그 평가가 달라진다.

한 개인의 창의성 발휘는 자기 영역의 규칙이나 내용에 대한 이해뿐만 아니라 현장에서 적용되는 평가기준과도 밀접한 관련을 가지고 있다. (㉠) 어떤 미술 작품이 창의적인 것으로 평가받기 위해서는 당대 미술가들이나 비평가들이 작품을 바라보는 잣대에 들어맞아야 한다. (㉡) 마찬가지로 문학 작품의 창의성 여부도 당대 비평가들의 평가기준에 따라 달라질 수 있다. (㉢) 라파엘로는 16세기와 19세기에는 창의적이라고 여겨졌으나, 그 사이 기간이나 그 이후에는 그렇지 못했다. (㉣) 라파엘로는 사회가 그의 작품에서 감동을 받고 새로운 가능성을 발견할 때 창의적이라 평가받을 수 있었다. 그러나 만일 그의 그림이 미술을 아는 사람들의 눈에 도식적이고 고리타분하게 보인다면, 그는 기껏해야 뛰어난 제조공이나 꼼꼼한 채색가로 불릴 수 있을 뿐이다.

① ㉠   ② ㉡
③ ㉢   ④ ㉣

21 제시된 글의 빈칸에 들어갈 말로 가장 적절한 것은?

지난여름 작가 회의에서 북한 동포 돕기 시 낭송회를 한 적이 있다. 시인들만 참석하는 줄 알았더니 각계 원로들도 자기가 평소에 애송하던 시를 낭송하는 순서가 있다고, 나한테도 한 편 낭송해 달라고 했다. 내가 (   ) 소리를 듣게 된 것이 당혹스러웠지만, 북한 돕기라는 데 핑계를 둘러대고 빠질 만큼 빤질빤질하지는 못했나 보다. 하겠다고 했다. 그러나 거역할 수 없는 명분보다 더 중요한 것은 낭송하고 싶은 시가 있었다는 게 아니었을까. 그 무렵 나는 김용택의 '그 여자네 집'이라는 시에 사로잡혀 있었다. 김용택은 내가 좋아하는 시인 중의 한 사람일 뿐 가장 좋아하는 시인이라고는 말 못 하겠다. 마찬가지로 '그 여자네 집'이 그의 많은 시 중 빼어난 시인지 아닌지도 잘 모르겠다.

① 원로   ② 작가
③ 시인   ④ 북한사람

22 다음 글을 논리에 맞게 순서대로 배열한 것은?

㉠ 그런데 음성 신호를 음소 단위로 정확히 나누는 것은 쉽지 않다.
㉡ 음성을 인식하기 위해서 먼저 입력된 신호에서 잡음을 제거한 후 음성 신호만 추출한다.
㉢ 이를 해결하기 위해 먼저 음성 신호를 일정한 시간 간격의 '단위 구간'으로 나누고, 이 단위 구간 하나만으로 또는 연속된 단위 구간을 이어 붙여 음소 추정 구간들을 만든다.
㉣ 그런 다음 음성 신호를 하나의 음소로 판단되는 구간인 '음소 추정 구간들의 배열로 바꾸어 준다.

① ㉡→㉣→㉠→㉢
② ㉡→㉠→㉢→㉣
③ ㉢→㉣→㉠→㉡
④ ㉣→㉢→㉡→㉠

23 다음 밑줄 친 문장의 의미로 적절한 것은?

> 자본주의 체제에서 모든 계층의 사람이 똑같이 많이 벌고 잘살기를 바랄 수는 없다. 어느 정도의 소득 격차는 경쟁을 유발하는 동기가 될 수 있다는 것을 부인할 수 없다. 따라서 우리와 같은 양극화 현상의 심화 추세를 그대로 방치한 채 자연 치유되도록 기다릴 수만은 없다. 그동안 단편적인 대책이 나오기는 했으나 떡 먹은 입 씻어 치듯 개선은 되지 않고 오히려 악화되어 가고 있음이 역력히 드러나고 있다.

① 떡을 먹고도 안 먹은 듯 입을 씻어 내며 시치미를 뚝 뗀다는 말.
② 어느 때고 떨어져 없어질 존재를 비유적으로 이르는 말.
③ 벌어먹고 살기 위하여 괴로운 일이나 아니꼬운 일이라도 참아야 하는 경우를 이르는 말.
④ 말을 수다스럽게 많이 하는 버릇이 있다.

┃24~25┃ 다음 글을 읽고 물음에 답하시오.

> 감기란 독감 바이러스 외의 다른 바이러스로 생기는 호흡기 염증성 질환을 통칭하는 질병이다. 예전에는 콧물, 기침, 재채기 같은 증상을 포괄적으로 감기라고 불렀지만 의학이 발달하면서 원인이 확실한 것들은 따로 부르고 있다.
> 현재까지 아데노바이러스를 비롯해 최소 100가지 이상의 바이러스가 감기를 일으킨다고 알려져 있다. 콧물, 기침, 재채기가 나고 목이 아프면 무조건 감기라고 생각하기 쉽지만 꼭 그렇지는 않다. 증상은 감기와 비슷하지만 실제는 다른 '사이비 감기'가 있다는 얘기이다. 병이 다르니 치료법도 당연히 달라져야 한다. 감기와 비슷하나 실제는 다른 사이비 감기를 살펴보자.
> 감기와 가장 혼동하는 질병에는 '독감'이 있다. 독감은 종종 '감기가 악화된 것.' 또는 '감기 중에 독한 것.'이라고 오해를 받는다. 감기와 독감 모두 콧물, 기침이 나는데, 며칠이 지나면 낫는 감기와 달리 독감은 심할 경우 기관지염이나 폐렴으로 발전하고, 오한, 고열, 근육통이 먼저 나타난다. 또 감기가 시기를 타지 않는 것과 달리 독감은 유행하는 시기가 정해져 있다.
> 독감은 유행성 감기 바이러스 때문에 생긴다. 감기는 백신을 만들 수 없지만 독감은 백신을 만들 수 있다. 왜냐하면 감기를 일으키는 바이러스는 워낙 다양하지만 독감을 일으키는 바이러스는 한 종류이기 때문이다. 단, 유행성 감기 바이러스는 변이가 심하게 일어나기 때문에 매년 백신을 새로 만들어야 한다. 노약자는 그 해에 유행하는 독감 백신을 미리 맞되, 백신으로 항체가 만들어지기까지는 시간이 걸리므로 독감이 유행하기 3~4개월 전에 맞아야 한다.

> – 김정훈, 「감기란 무엇인가」 –

24 위 글의 내용과 일치 하는 것은?

① 아데노바이러스의 감염 증상은 감기라고 부르지 않는다.
② 대부분의 사람들은 독감을 심한 정도의 감기라고 생각한다.
③ 감기는 유행하는 명확한 시기가 정해져있다.
④ 감기는 백신을 만들 수 있으므로 감기가 유행하기 3~4주 전에 백신을 맞는 것이 효과적이다.

25 글의 세 번째 문단에서 주로 사용된 설명 방법은?

① 정의
② 묘사
③ 비교
④ 인과

[직종별] 학교업무 이해하기

1 세종교육 정책 기본 방향 중 '혁신교육'의 주요 과제는?

① 학교 자치의 힘을 키우고 교육 주체의 참여를 넓히겠습니다.

② 통일시대와 4차 산업혁명 시대를 이끌어갈 시민으로 성장하도록 돕겠습니다.

③ 공평한 기회를 보장하고 안심교육을 실현하겠습니다.

④ 교육을 중심으로 문화와 예술이 꽃피도록 하겠습니다.

2 다음 빈칸에 들어갈 용어로 옳은 것은?

> 세종교육의 정책 방향은 교육자치가 구현되는 현장 중심 교육행정 체제를 기반으로 학교혁신을 지원하여 새로운 학교를 만들고 지역사회를 돌봄과 나눔의 가치가 숨 쉬는 _____로 조성하는 것입니다.

① 교육자치존   ② 교육생활지역

③ 교육생태계   ④ 학습화도시

3 교육감의 계속 제임은 몇 기에 한하는가?

① 2기   ② 3기

③ 4기   ④ 5기

4 세종시교육청 본청기구 중 '기획조정국'에 속하는 '과'가 아닌 것은?

① 정책기획과   ② 조직예산과

③ 행정지원과   ④ 교육협력과

5 다음 중 세종시교육청 직속기관 중 세종교육원이 관장하는 사항이 아닌 것은?

① 평생학습과 문화활동 지원에 관한 사항

② 교원, 지방공무원 연수

③ 독서안내·상담과 열람지도

④ 세종국민체육센터 운영에 관한 사항

6 다음은 「교육기본법」 제2조(교육이념)의 내용이다. 이 내용에서 드러나는 교육법규의 특징이 아닌 것은?

> 교육은 홍익인간(弘益人間)의 이념 아래 모든 국민으로 하여금 인격을 도야(陶冶)하고 자주적 생활능력과 민주시민으로서 필요한 자질을 갖추게 함으로써 인간다운 삶을 영위하게 하고 민주국가의 발전과 인류공영(人類共榮)의 이상을 실현하는 데에 이바지하게 함을 목적으로 한다.

① 윤리성   ② 수단성

③ 조장성   ④ 목적성

7 다음은 기본 학적 용어 중 무엇에 대한 설명인가?

> 고등학교에서 징계 등 학칙에 의해 학적(재학생의 신분)을 박탈함(의무교육에 해당하는 학교 및 특수교육대상학생은 불가).

① 제적   ② 자퇴

③ 퇴학   ④ 조기졸업

8 학적관리의 실제와 관련된 설명으로 옳지 않은 것은?

① 초·중·고등학생의 전·편입학·배정·입학전형과 유예·면제 등 학적에 관한 세부사항은 시·도교육청의 지침에 의한다.

② 입학·재취학·편입학은 당해학교의 교육과정 이수에 지장이 없는 범위인 당해학년 수업일수의 3분의 1 이상 남은 시점까지 수시로 입급할 수 있다.

③ 유예자(면제자)가 발생한 경우 중학교는 보호자와 교육장에게 각각 그 내용을 통보하여야 한다.

④ 유급은 수업일수 부족 등으로 해당학년 교육과정 미수료에 의해 상급학년으로 진급하지 못하는 것으로 다음 학년도에 1학기 시작일부터 다시 학업을 수행해야 한다.

9 학교생활기록부 자료의 보존에 대한 설명으로 옳지 않은 것은?

① 각종 재해 등의 비상사태에 대비하여 학교별 학교생활기록부(학교생활기록부Ⅰ) 수기기록대장 관리계획을 수립하여 관리하도록 한다.

② 학교생활기록부(학교생활기록부Ⅰ)는 해당학생 졸업 후 5년 동안 학교에서 보존·관리하고 이후 관할 교육청 자료관으로 이관하여 '기록물전문관리기관'으로 이관하기 전까지 보존·관리하여야 한다.

③ 졸업생은 졸업과 동시에 교육정보시스템에서 전자결재 후 보관한다.

④ 학교생활세부사항기록부(학교생활기록부Ⅱ)는 해당학생 졸업 후 3년 동안 학교에서 보존·관리하고 이후 삭제한다.

10 학교생활기록부의 당해 학년도 입력이 완료되면 학교생활기록부Ⅱ 출력물과 각종 보조부의 내용을 대조·확인 작업을 철저히 하여 오류가 없도록 한다. 이때, 대조·확인 작업은 몇 회 이상 실시하는가?

① 2회
② 3회
③ 4회
④ 5회

11 2015 개정 교육과정에서는 미래사회가 요구하는 핵심역량을 갖춘 '창의융합형 인재'상을 제시하였다. 창의융합형 인재가 갖추어야 할 핵심역량이 아닌 것은?

① 자기관리 역량
② 지식정보처리 역량
③ 개인주의적 역량
④ 심미적 감성 역량

12 다음에 제시된 업무를 담당하는 교육공무직원은?

> • 특수교육대상학생의 교수-학습, 신변처리, 급식, 교내·외 활동, 등하교 등의 학교생활을 위한 활동 보조
> • 그 밖의 중증장애학생의 학교생활 지원

① 교무행정사
② 교육복지사
③ 특수교육실무사
④ 간호사

13 전보운영의 일반원칙으로 옳지 않은 것은?

① 근무희망기관 또는 생활근거지 등 고려
② 근무경력, 자격 및 능력, 근무성적평가 등 고려
③ 장애가 있는 근로자는 신체조건, 특기·적성 등 고려
④ 해당 기관(학교)장과의 인맥 등 고려

14 다음 중 근무성적평정의 평가등급이 아닌 것은?

① 탁월
② 우수
③ 중간
④ 미흡
⑤ 불량

15 다음 빈칸에 들어갈 내용이 순서대로 바르게 연결된 것은?

> 감봉은 1개월 이상 3개월 이하의 기간 동안 급여를 감액하되 1회의 금액은 평균임금의 1일분의 _____을, 총액이 1임금지급기(월급)의 임금 총액의 _____을 초과하지 못한다.

① 2분의 1, 5분의 1
② 2분의 1, 10분의 1
③ 3분의 1, 5분의 1
④ 3분의 1, 10분의 1

16 다음 중 교육공무직원의 당연퇴직 사유에 해당하지 않는 것은?

① 정년인 만 60세에 이르렀을 때
② 교육공무직원이 사망한 경우
③ 계약기간을 정하여 임용된 근로자가 기간 만료 후 재임용되지 아니한 때
④ 업무수행능력이 현저히 부족하거나, 업무태만의 정도가 심한 경우

17 휴게시간에 대한 설명으로 옳지 않은 것은?

① 휴게시간 제도는 근로자가 계속해서 근무함에 따라 생기는 피로를 극복하고 권태감을 감소시켜 근로의욕을 유지하기 위함이다.

② 근로시간이 4시간인 경우에 30분 이상, 8시간인 경우에는 1시간 이상의 휴게시간을 근로시간 도중에 주어야 한다.

③ 휴게시간은 반드시 점심시간이어야 한다.

④ 휴게시간을 부여하지 않으면 근로기준법에 위반되므로 계약서 작성 시 반드시 근무시간, 휴게시간을 명시하여야 한다.

18 법정휴일 중 배우자 출산휴가는 며칠인가?

① 3일
② 5일
③ 7일
④ 10일

19 연차유급휴가 미사용 수당 산정방법으로 옳은 것은? (단, 1일 8시간 근무하는 근로자의 경우이다)

① 시간급 통상임금 × 8시간 × 사용 연차일수
② 시간급 통상임금 × 8시간 × 잔여 연차일수
③ 시간급 통상임금 × 6시간 × 사용 연차일수
④ 시간급 통상임금 × 6시간 × 잔여 연차일수

20 생리휴가에 대한 설명으로 옳지 않은 것은?

① 여성인 근로자가 청구하는 경우 부여한다.

② 생리휴가는 월 1일이며 무급으로 부여한다.

③ 임신·폐경 등으로 생리현상이 없는 자에게는 부여하지 않는다.

④ 생리휴가일은 주휴일, 연차유급휴가 등을 부여하기 위한 출근율 산정 시 출근하지 않은 것으로 간주한다.

21 다음에 설명하는 퇴직급여제도는?

> 근로자가 퇴직 시 지급받을 급여의 수준·내용이 사전에 확정되며, 사용자의 적립부담은 적립금 운영결과에 따라 변동될 수 있는 연금제도

① 퇴직금제도(적립방식)
② 개인형 퇴직연금(IRP)
③ 확정급여형 퇴직연금제(DB)
④ 확정기여형 퇴직연금제(DC)

22 나이스 권한 용어에 대한 설명으로 옳지 않은 것은?

① 권한 : 사용자별 업무분장에 따라 나이스 자료를 접근처리할 수 있는 메뉴권한(사용자그룹), 자료권한을 부여

② 기관마스터 : 업무 분장에 따라 소속 사용자에게 나이스 접근 권한을 부여·회수하는 업무를 수행하는 자

③ 업무권한 담당자 : 일부 서브시스템과 조직에 대해 권한관리(부여·회수)를 할 수 있는 권한을 위임받은 사용자

④ 사용자 : 나이스의 접근을 위해서 "권한관리자"로부터 정당한 권한을 부여받은 자로서 나이스를 사용하여 관련 업무를 직접 처리하는 자

23 다음은 무엇에 대한 설명인가?

> 세출예산에 편성된 예산의 목적을 달성하기 위하여 사업부서에서 실시하고 집행의사를 결정하는 행위를 의미하며, 예산 지출을 확정하는 행위이다. 예산의 집행품의는 학교장의 결재를 받아 집행하지만, 집행내용과 집행액의 규모에 따라 각 기관별 위임전결규정에 따른 결재권자의 결재를 받음으로써 완료된다.

① 본예산
② 성립전예산
③ 집행품의
④ 검사/검수

24 개인정보의 유형과 예시가 잘못 연결된 것은?

① 인적 사항 : 성명, 주민등록번호, 주소, 본적지, 전화번호 등

② 신체적 정보 : 얼굴, 지문, 홍채, 음성, 유전자 정보 등

③ 정신적 정보 : 학력, 성적, 범죄기록, 근무부대 등

④ 재산적 정보 : 소득, 신용카드번호, 통장계좌번호 등

25 방문민원 응대요령으로 적절하지 않은 것은?

① 민원인이 사무실에 들어오면 민원인과 가볍게 눈을 맞춘 후 공손하게 인사한다.

② 민원인이 반복해서 질문하는 경우, 최대한 쉽고 상세하게 설명한다.

③ 민원인의 말을 경청하면서 중요하거나 잊어버리기 쉬운 내용은 메모한다.

④ 민원인에게 전문성을 보여주기 위해 어려운 용어나 절차 등을 사용하여 설명한다.

[공통] 일반상식(사회, 한국사)

1 다음 〈보기〉에 대한 현상이 심화되었을 때 이에 대한 정부의 적절한 대처로 올바른 것은?

- 총수요가 총공급을 초과
- 재고 감소와 활발한 생산 활동

① 정부는 적자예산을 편성하여 물가를 내리도록 한다.

② 정부는 지급준비율을 인상하여 대출이 쉽게 되도록 유도한다.

③ 정부는 흑자예산을 편성하여 신규투자를 유도한다.

④ 정부는 긴축재정을 운용하여 총수요를 억제한다.

2 갑의 사망 이후에 상속인들이 받게 될 법적 상속에 대한 설명으로 옳지 못한 것은?

갑은 갑자기 심장마비로 쓰러져 유언도 남기지 못한 채 사망하였다. 유족으로는 갑의 배우자, 노모와 출가한 두 딸, 미혼의 아들이 있다. 그가 남긴 재산은 살고 있는 집, 부동산을 포함하여 9억 원으로 추정된다.

① 법적 상속 제1순위는 아들과 딸이다.

② 배우자는 아들, 딸과 공동상속을 받는다.

③ 배우자는 아들, 딸의 상속분에 5할을 가산한다.

④ 노모는 며느리와 같은 비율로 3억을 상속받게 된다.

3 정보 공개 청구 제도의 기능으로 적절하지 않은 것은?

① 행정의 투명성을 높인다.

② 국민의 알 권리를 충족시킨다.

③ 행정 기관의 재량권을 강화한다.

④ 행정에서 국민의 의사가 반영되도록 한다.

4 다음 글의 빈칸 ㉠에 들어갈 집단으로 옳은 것은?

> '당신이 사는 아파트는 당신의 가치를 말해 줍니다.', '이 차를 타는 순간 당신은 특별해집니다.' 등은 모두 텔레비전이나 신문 광고에서 종종 접할 수 있는 말들이다. 이와 같은 광고는 실제로 높은 판매 효과를 가져 온다고 한다. 그 이유는 무엇일까? 사람들에게는 (㉠)을(를) 정해 놓고 그에 따라 생각하고 행동하려는 경향이 있다.

① 내집단
② 외집단
③ 준거 집단
④ 이익 사회

5 다음은 정치 참여 집단에 대한 설명이다. 이에 대한 설명으로 옳은 것은?

① 이익집단은 의회와 정부를 매개한다.
② 정당은 자신의 행위에 정치적 책임을 진다.
③ 시민단체와 달리 정당은 정치 사회화 기능을 가진다.
④ 이익집단과 시민단체는 모두 비영리성을 특징으로 한다.

6 다음 중 헌법 소원 심판을 청구할 수 있는 사례로 가장 적절한 것은?

① 친구에게 빌려준 돈을 변제 기일이 지나도록 받지 못한 경우
② 교도소의 서신 검열로 수형자가 통신의 자유를 침해받은 경우
③ 간판이 떨어져 차량이 파손되었으나 간판 주인이 배상을 거부한 경우
④ 배우자의 부정행위로 갈등이 심화되어 부부가 이혼하기로 합의한 경우

7 다음 중 옳게 설명한 것은?

① 국정감사는 비공개로 한다.
② 국무총리는 조약 체결 및 비준 권한을 가진다.
③ 교섭단체는 국회의 효율적인 의사 진행을 위한 기구이다.
④ 법률안 의결은 재적의원 과반수의 찬성이 필요하다.

8 다음은 2013년에 발생한 모든 경제 활동이다. 2013년 A국의 국내 총생산으로 옳은 것은?

> • A국의 야구 선수가 B국의 프로팀에 스카우트되어 연봉 500만 달러를 받았다.
> • B국에서 개최된 프로 골프 대회에서 A국 선수가 100만 달러 상금을 받았다.
> • C국의 근로자가 A국에 취업해서 200만 달러의 소득을 받았다.
> • C국의 항공기 업체가 A국에 공장을 세워 생산한 제품을 B국에 수출하여 1,000만 달러를 벌었다.

① 600만 달러
② 1,000만 달러
③ 1,200만 달러
④ 1,600만 달러

9 심의민주주의(deliberative democracy)에 대한 설명으로 옳지 않은 것은?

① 대의민주주의의 한계를 극복하기 위해 제시되었다.
② 정책결정과정에서 다수결의 원리를 지키기 위해 고안된 것이다.
③ 시민이 참여하는 토론과 협의를 통한 정책결정과정이 중요하다고 본다.
④ 이 제도를 실현하는 데는 시간과 비용 측면에서 어려움이 있다.

10 우리나라 국회에 대한 설명으로 옳지 않은 것은?

① 국회의원의 수는 법률로 정하되, 200인 이상으로 한다.
② 국회는 대통령의 일반사면에 대한 동의권을 갖지만, 특별사면에 대하여는 동의권을 갖지 않는다.
③ 국회는 의사결정의 효율화를 위하여 위원회제도와 교섭단체제도를 두고 있다.
④ 국회의 임시회는 대통령의 요구로 집회되지 않지만, 국회 재적의원 4분의 1 이상의 요구로는 집회된다.

11 사회화 기관의 유형별 사례로 옳은 것만을 고른 것은?

구분	비공식적 사회화 기관	공식적 사회화 기관
1차적 사회화 기관	㉠ 또래 집단	㉡ 가족
2차적 사회화 기관	㉢ 직업 훈련원	㉣ 학교

① ㉠㉡
② ㉠㉣
③ ㉡㉢
④ ㉢㉣

12 다음 (가), (나)에 나타난 사회 이동의 유형을 바르게 연결한 것은?

> (가) 대기업에 입사한 A씨는 불굴의 의지로 노력하여 10년 만에 계열사 사장이 되었다.
> (나) 노비의 아들로 태어난 B씨는 갑오개혁으로 신분 제도가 폐지되자, 열심히 노력하여 큰 부자가 되었다.

	(가)	(나)
①	수평 이동	수직 이동
②	개인적 이동	구조적 이동
③	수직 이동	수평 이동
④	세대 간 이동	세대 내 이동

13 다음 그림에 대한 설명으로 옳지 않은 것은?

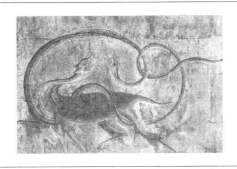

① 사신도의 하나로, 북쪽 방위신이다.
② 돌무지 덧널무덤의 벽면에 그려진 것이다.
③ 죽은 자의 사후세계를 지켜 주리라는 믿음을 표현하였다.
④ 고구려 시대의 고분에 그려졌는데 도교의 영향이 나타나 있다.

14 다음 제도들을 시행한 까닭으로 가장 적절한 것은?

> • 기인 제도　　　　• 사심관 제도
> • 상수리 제도　　　• 경재소 제도

① 각 지방의 균형 있는 발전을 도모하고자 하였다.
② 문벌귀족 중심의 정치 체제를 강화하고자 하였다.
③ 지방 세력을 통제하여 중앙 권력을 강화하고자 하였다.
④ 귀족 세력을 억압하고 관리 등용 제도를 마련하고자 하였다.

15 다음 내용을 시대순으로 나열하면?

> ㉠ 백제는 수도를 사비로 천도하고 국호를 남부여로 고침
> ㉡ 대가야의 멸망과 가야연맹체의 완전 해체
> ㉢ 위의 고구려 침입
> ㉣ 평양으로 천도한 고구려의 백제의 한성 함락
> ㉤ 백제의 수군 정비와 요서지방으로의 진출

① ㉢ - ㉠ - ㉡ - ㉣ - ㉤
② ㉢ - ㉣ - ㉠ - ㉡ - ㉣
③ ㉢ - ㉣ - ㉤ - ㉠ - ㉡
④ ㉢ - ㉤ - ㉣ - ㉠ - ㉡

16 다음의 제도가 있었던 시대의 고려의 사회상으로 옳은 것은?

> • 학보　　　　• 경보
> • 제위보　　　• 팔관보

① 고리대업의 성행
② 빈민구제제도의 발달
③ 화폐 유통의 활발
④ 대외무역의 발달

17 다음 중 고려가 거란의 침입을 물리친 결과 나타난 것끼리 묶은 것은?

> ㉠ 여진족의 대두
> ㉡ 광군사의 설치
> ㉢ 천리장성과 나성의 축조
> ㉣ 고려 · 송 · 거란이 정립하는 국제관계의 안정

① ㉠㉡　　　　　　　② ㉠㉢

③ ㉡㉢　　　　　　　④ ㉢㉣

18 다음 밑줄 친 '인물성동론(人物性同論)'에 기초하여 나타난 사상계의 동향으로 가장 적절한 것은?

> 18세기 초 노론학계 내에서는 호락논쟁(湖洛論爭)이 벌어졌다. 이 논쟁은 송시열의 직계 제자들이 벌인 사상 논쟁인데 권상하와 그의 제자 한원진이 중심이 된 충청도 지방의 학자들이 주장한 이론을 호론이라고 한다. 이 이론은 사람의 본성인 인성(人性)과 물질의 본성인 물성(物性)이 본질적으로 다르다는 것이다. 한편 권상하의 제자인 이간과 김창협이 중심이 된 낙론은 인성과 물성이 같다는 인물성동론(人物性同論)을 말한다.

① 양명학의 도입
② 동학 사상의 대두
③ 북학 사상의 형성
④ 화이론적 사유체계 확립

19 다음의 역사서에 대한 설명으로 옳지 않은 것은?

① 해동역사 – 외국자료를 많이 인용하여 민족사 이해의 폭을 넓혔다.
② 연려실기술 – 조선의 정치와 문화를 실증적이고 객관적으로 서술하였다.
③ 아방강역고 – 화이론적 관점에서 우리 민족의 대외항쟁사를 정리하였다.
④ 발해고 – 발해와 통일신라를 남북국시대로 정립하였다.

20 개항 이후의 사회, 문화에 대한 설명으로 옳은 것은?

① 우리나라 최초의 철도 부설은 경인선으로 부설권을 획득하여 부설한 국가는 일본이다.
② 일본 및 열강에 의해 국권을 상실하자 안창호는 민족영웅전을 저술하여 민족의식을 고취시켰다.
③ 김옥균의 건의에 의해 만들어진 박문국은 대표적인 인쇄, 출판기구로 한성순보를 발간하였다.
④ 구한말에 만들어진 서양식 건축물로는 명동성당과 독립문, 덕수궁 석조전 등이 있다.

21 조선 후기의 다음과 같은 조치들이 가져온 공통적인 결과를 바르게 파악한 것은?

> • 17세기 광산개발에 설점수세제를 도입하였다.
> • 18세기 말 장인의 등록제를 폐지하였다.
> • 18세기 말 육의전을 제외한 시전상인의 금난전권을 폐지하였다.

① 경제발전에 국가의 주도력이 강화되었다.
② 정부의 민간경제활동에 대한 통제력이 약화되었다.
③ 경제발전에 있어서 사익보다 공익의 추구가 우선시되었다.
④ 국가의 피지배층에 대한 인신적 지배가 점차 강화되었다.

22 조선후기 전세제도의 개편과 관련된 내용이 아닌 것은?

① 전세는 풍흉에 관계없이 1결당 쌀 4두씩 징수하게 되었다.
② 전세의 개편은 방납의 폐단과 관리들의 부정 때문이었다.
③ 공납은 현물 대신 1결당 쌀 12말을 징수하기로 하였다.
④ 군포의 부족분은 결작 · 어염세 · 선박세로 보충하였다.

23 일제 강점기 형평운동을 주도한 신분에 대한 설명으로 옳은 것을 〈보기〉에서 고른 것은?

〈보기〉
㉠ 자신들만의 마을을 이루어 거주하였으며, 상투를 틀거나 두루마기를 입을 수 없었다.
㉡ 도살 및 고기 파는 일, 가죽신을 만드는 일, 유기 그릇 따위를 만드는 일에 종사하였다.
㉢ 광무개혁으로 법률상 신분의 구분이 없어졌으며, 그 후 사회적 편견과 차별도 점차 축소되어 갔다.
㉣ 1910년대 자신들에 대한 신분 차별과 멸시를 타파하려고 진주에서 조선 형평사를 조직하였다.

① ㉠, ㉡   ② ㉡, ㉢
③ ㉢, ㉣   ④ ㉠, ㉣

24 1946~7년에 진행된 좌우합작운동에 대한 설명으로 옳은 것을 모두 고르면?

㉠ 미군정의 후원 하에 이 운동이 전개되었다.
㉡ 중도좌파의 김규식과 중도우파의 여운형이 주도하였다.
㉢ 조선공산당은 이 운동에 참여하여 적극적으로 활동하였다.
㉣ 김규식과 여운형은 미소공동위원회를 다시 여는 데 관심을 두었다.

① ㉠㉡   ② ㉡㉢
③ ㉢㉣   ④ ㉠㉣

25 다음 남북 간 합의의 배경으로 옳은 것은?

쌍방은 다음과 같은 조국 통일 원칙들에 합의를 보았다.
첫째, 통일은 외세에 의존하거나 외세의 간섭을 받음이 없이 자주적으로 해결하여야 한다.
둘째, 통일은 상대방을 반대하는 무력행사에 의거하지 않고 평화적 방법으로 실현하여야 한다.
셋째, 사상과 이념, 제도의 차이를 초월하여 우선 하나의 민족으로서 민족적 대단결을 도모하여야 한다.

① 동아시아에 데탕트 정세가 조성되었다.
② 남북 간 한반도 비핵화 공동선언이 채택되었다.
③ 정부가 6·23 평화 통일 외교 정책을 선언하였다.
④ 공산권 국가와 수교하는 북방 정책을 추진하였다.